AF338379

O⁹ K
323

LA VÉRITÉ

SUR L'INDE

PAR

M. HENRI GÉRARD.

PRIX: **50** CENTIMES.

PARIS

E. DENTU, LIBRAIRE-ÉDITEUR,

PALAIS ROYAL, 13, GALERIE D'ORLÉANS.

1858.

Paris.—Imprimerie WALDER, rue Bonaparte, 44.

LA VÉRITÉ SUR L'INDE.

« L'appréciation d'un fait repose su
» le principe même. »
(Polybe, *Histoire générale*, liv. II.

En dépit de Fontenelle, bien des vérités sont bonnes à dire. Si elles ont quelquefois leurs dangers, faut-il conclure qu'elles doivent être négligées, et n'appartient-il pas au vrai courage de fouler aux pieds de vaines craintes, pour révéler ce qui est juste, ce qui est sage, ce qui est généreux? Honneur aux hommes qui se pénètrent de ces principes !

Honte cependant, honte à ceux qui impriment *vérités* sur leurs erreurs, qui étiquètent *vérités* sur leurs mensonges, qui se proclament propagateurs de lumières, lorsqu'ils sont propagateurs de ténèbres ! Soldats du bien, ces mercenaires du mal ! Héros de la raison, ces champions de la folie! Forçats dépravés, inséparablement attachés à tout ce qui est mauvais, ils soufflent leurs vices vers leurs semblables, pour cette dernière joie de se donner des compagnons de leur ignominie et de leur châtiment.

Ce sont eux qui ont voulu séparer ces deux amies, la France et l'Angleterre, jeunes toutes deux dans leur union : jeunes, c'est-à-dire sincères. Ils ont éveillé le soupçon; ils ont excité la discussion; ils ont donné le branle à la discorde. Mais la Providence, mettant ordre à tous ces déréglements, a rendu leurs efforts impuissants... On les croit terrassés; vaincus, ils se relèvent.

Debout aussi est ce parti, heureusement considérable, des hommes honnêtes, à qui on ne pourra jamais reprocher que le préjugé du bien, cause de quelques fautes toujours involontaires, et toujours aussi réparées.

On a voulu les tromper une première fois, et le temps de cette tentative n'est pas encore bien loin. Sans nulle défiance, croyant au bien chez les autres, parce qu'ils n'admettent que le bien chez eux, ils ont presque succombé aux stratagèmes dirigés contre leur jugement. Déjà penchés en aveugles, inclinés sur l'abîme, presque précipités, ils ont pu ouvrir à temps les yeux, reconnaître le danger, et se rejeter vivement en arrière... Ils étaient sauvés.

Est-ce tout? Non pas. Aujourd'hui, ces hommes que nous flétrissons reviennent à l'attaque; par bonheur ils ne pourront ébranler personne, car chacun se fortifie dans de justes défiances.

Mais que font-ils? Que disent-ils? Ce qu'ils

font, vous allez le voir; ce qu'ils disent, vous allez l'entendre.

Après l'heureuse solution d'un trouble passager, qui s'est évanoui parce qu'il n'avait aucune raison d'être, les fauteurs de haines et d'inimitiés n'ont pas renoncé, malgré leur échec, à diriger les passions ; quand elles leur échappaient déjà, ils les ont ramenées adroitement dans le cours dont elles se détournaient. L'adresse, cette arme supérieure des hypocrites, a mis en œuvre tous ses artifices, a mis en place toutes ses embûches, et toujours dans ce but unique, sourdement poursuivi, de diviser les deux nations dont l'alliance irrite ceux qui voudraient amener la rupture.

La ruse méditée, ses auteurs se réjouissaient dejà. Ils répétaient comme Amphilyte, le devin d'Acharnes : « Le filet est jeté, les rets sont » tendus; la nuit, au clair de la lune, les thons s'y » précipiteront en foule. » Mais c'était triompher avant d'avoir vaincu, comme certain personnage mis en scène par La Fontaine : il ne suffisait pas d'avoir jeté le filet.

Les rets qui furent tendus peuvent être décrits de cette manière : on voulait introduire dans les esprits la persuasion que l'Angleterre, dans sa courageuse tentative de reconquérir les Indes, — premièrement, travaillait à renverser l'équilibre européen ; — deuxièmement, s'efforçait d'imposer son autorité à des peuples dont le droit évident est de revendiquer leur liberté.

Et l'on expliquait ces deux propositions. — D'abord, s'écriait-on, il est constant que de l'équilibre dans les volontés de Dieu dépend l'équilibre dans les puissances de l'univers; de même, l'équilibre de l'Europe dépendra de l'équilibre de toute la terre. Aussi, l'Angleterre renverse ce principe, quand elle cherche à regagner dans les quatre dernières parties du monde ce qu'elle ne pouvait sans danger désirer dans la première. — Ensuite, quels sont ses droits sur l'Inde? Pourquoi l'Inde ne demanderait-elle pas son indépendance comme la Pologne; pourquoi ne l'obtiendrait - elle pas comme les États-Unis? Pourquoi flétrir le Brésil, l'Espagne, le Portugal avec ce vers de J. Chénier:

« Dieu fit la liberté, l'homme a fait l'esclavage. »

Quand, plus près de nous, l'Angleterre offre un spectacle plus inconcevable encore, en opprimant, pour le triomphe de son égoïsme, des sujets dont une faiblesse relative a fait trop longtemps le principal, peut-être l'unique tort.

On publiait tout cela, et d'autres choses encore, afin de détacher la France de l'Angleterre.

Or, ce qui était commencé continuant, tous les gens de bien doivent se conseiller, se défendre: thons arrêter les thons.

Notre devoir est donc tracé. Nos avis seront peut-être bien frêles, bien chétifs ; ils ne seront sans doute pas nourris des substantiels aliments que donne seule une haute raison. Mais l'intention première sera notre excuse finale.

Maintenant, répondons....

A l'une de ces heures où l'homme réfléchi, fatigué des réalités du passé qu'il a longuement observé, se recueille en lui-même, et s'abandonne pour quelques instants à la séduction des rêves, nous avions constitué un état politique dont notre imagination dotait le globe; nous avions vu en Europe, les Slaves tenus en échec par les Scandinaves, ceux-ci par les Occidentaux; chaque peuple modéré par les autres peuples. Parmi les conditions de réalisation, se trouvait l'union perpétuelle de la France et de l'Angleterre : en un mot, l'Occidentalisme. Mais jusqu'ici nous ne pensions rien de nouveau, car depuis longtemps on a conçu l'équilibre européen, et l'on peut dès à présent en prévoir l'établissement définitif.

Nous avions trouvé l'équilibre universel, un songe aujourd'hui, une réalité demain ! Nous avions trouvé toutes les nations de la terre, policées, civilisées, pareillement honnêtes et semblablement pondérantes : l'égalité dans la puissance, conséquence de l'égalité dans le progrès. Sûrement, nous ne saurions affirmer qu'on doive y

arriver, mais une étude attentive des faits permet
de l'espérer. En effet, chaque peuple sort à son
tour de l'ornière d'ignorance où il était embourbé,
et rejoint sur le bon chemin les plus habiles qui
l'y ont précédé.

— Égalité dans le progrès ! Mais le moyen ?
Nous arriverons à le trouver, après avoir constaté
que les peuples abandonnés à eux-mêmes ne s'in-
struisent qu'avec lenteur et difficulté. La France
a mis quatorze siècles pour arriver à la science ;
il n'a pas fallu cinquante ans aux États-Unis.
Comment conclure, sinon en proclamant l'excel-
lence de l'éducation d'une nation par une autre
nation, éducation rapide, régulière et complète ?

Pour qu'un peuple grossier laisse attaquer sa
rude écorce, la persuasion ne servirait de rien.
On doit imposer le progrès, et non pas le présen-
ter. Le pédagogue doit tenir la férule, le peuple
instructeur doit posséder la suprématie.

Ainsi, pour développer partout le progrès, il
faut que les gouvernements les plus civilisés con-
servent une autorité suffisante sur les nations moins
éclairées, — voilà les armes justifiées; — il faut aussi
qu'ils soient rémunérés pour tout ce qu'ils dé-
pensent, — voilà les taxes expliquées.

— Égalité dans la puissance! Mais la voie?
Cette égalité-ci est le corollaire de l'autre; nous
l'avons dit, et qu'il nous soit au moins permis de

l'admettre, car s'il en était autrement, il nous faudrait nier le progrès, comme certains incrédules nient la vertu.

L'univers, comme l'Europe, obtiendra dès lors son équilibre, par le niveau semblable qui s'établira entre toutes les nations, qui dès lors marcheront de front, unies par les intérêts généraux, vers la plus entière prospérité.

Chimères! On entend déjà ce mot. Pourquoi cependant nous disputer des croyances dont vous ne sauriez démontrer le néant? Vous répliquez par l'*impossible!* Mais c'est ainsi qu'on répondait à Copernic et à Galilée qui étaient des novateurs, tandis que nous ne faisons que constater une tendance, et suivre l'idée qui en tire la naissance.

Et, en effet, qui niera cette disposition des peuples policés à endoctriner les nations abruptes? Ceux qui doutent peuvent consulter l'histoire. Qu'ils lisent donc. La Grèce envoie ses colonies à l'Asie, c'est-à-dire elle opère un partage de sa perfection, la France s'intéresse aux destinées de l'Algérie; l'Angleterre met l'Inde en contact avec sa civilisation. Ce point est donc acquis à la cause.

Pour que les services soient gratuits, ils doivent être d'un instant, car alors la générosité de ceux qui le rendent n'a pas le temps de se refroidir. Mais, lorsque ces services sont prolongés, lorsque le bienfaiteur est en dévouement perpétuel, son zèle sera stimulé par quelques bénéfices. A cette condition seule, il remplira jusqu'au bout la tâche entreprise. Il était donc bien juste que les Carthaginois, instruisant l'Afrique, y prissent dans les revenus de quoi subvenir aux subsides publics et aux nécessités de l'État.

De ce coup-là, nous approuvons la possession; il ne nous convient plus de parler sur l'égalité des peuples.—Il faut s'entendre. Il est deux manières distinctes de posséder. Dans la première—provisoire, — l'on prend, mais l'on rend; dans la seconde — indéfinie, — on ne fait que prendre. Prendre signifie rémunération pour les uns, exaction pour les autres. Que l'Angleterre tienne l'Inde; que la France occupe l'Algérie; qu'elles gagnent toutes deux à cette domination; elles ne sauraient être trop approuvées. Mais que la Russie n'oppresse pas la Pologne, que l'Autriche n'étouffe pas l'Italie. Le profit ici devient illicite.

A notre point de vue, la conquête n'est qu'un capital étranger que l'on fait fructifier, tout en étant intéressé dans l'affaire, une tutelle productive, et qui devra cesser un jour : ce sera quand le peuple enseigné n'aura plus rien à tenir du peuple enseignant.

L'Inde pourra donc aussi avoir ses jours de liberté : rendue à elle-même, elle pourra se gouverner par ses institutions, se diriger par ses volontés. Elle subit présentement une épreuve par laquelle sont passés les États – Unis. Mais cette épreuve n'est pas terminée ; pourquoi veut – elle s'y soustraire ?

Quand les Numides et les Africains révoltés contre Carthage qui retenait aux campagnes la moitié de leurs récoltes, qui imposait aux villes des tributs doubles de ce qu'ils étaient d'abord, furent ramenés à la servitude dont ils s'écartaient, qui donc fit entendre une plainte, un blâme même ?

La morale des peuples ! Le droit des nations ! Vains mots que ceux-là dans la bouche des hommes qui veulent les tourner contre l'Angleterre ! Où est la morale des Indiens qui ne la pratiquent pas ? Est-elle dans leurs tueries ? Où est le droit de ces peuples qui ne le respectent pas ? Est-il dans leur révolte ? Non. Il serait dans leur affranchissement. Mais ils se rebellent ; c'est la *Guerre des Esclaves.*

Quoi qu'on puisse croire, l'Angleterre a le beau rôle. Elle s'obstine à retenir les Indes, et en agissant ainsi, elle rend un immense service aux révoltés. Voyez l'Inde abandonnée à elle-même, à sa faiblesse, à son impéritie, à ses divisions. Ce malheureux pays serait déchiré de toutes parts, tiré d'un côté, arraché d'un autre, disputé au dedans; convoité au dehors, avili, dégradé, avant d'avoir eu même un honneur, même une splendeur, rejeté dans le chaos avant d'en être sorti, mort avant d'être né.

L'Inde a mal pris son temps, en présumant trop bien de ses forces. L'impatience d'être délivrée l'a emportée trop loin... Pour vouloir l'affranchissement, il faut en être digne, et l'Inde oublie cette condition. Qu'elle attende! Son heure viendra, comme elle est venue pour la plupart des peuples. Qu'elle se prépare à cette vie nouvelle, mais qu'elle ne prenne pas des allures qui, politiquement parlant, ne sont pas de son âge. C'est triste déjà, mais chose bien grave aussi, c'est ridicule.

Les Anglais ont accepté la mission de former ce pays aux lumières. Rien ne doit les embarrasser, ni la résistance dans l'Inde, ni l'opinion en Europe. Il n'est réellement pas vrai que l'opinion lui soit contraire, mais elle est au moins indifférente, ou plutôt elle hésite avant de se prononcer, elle cherche à se former une conviction, et dans cette incertitude, elle pourrait accepter le jugement tout fait qu'on lui présente; c'est ce qu'il ne faut pas. L'Europe, la France surtout, doit être sympathique aux actes de l'Angleterre.

Et après tout, si l'on veut agiter de misérables questions d'intérêt particulier, que gagnerait la France, si les Anglais abandonnaient l'Inde?

Admettons que l'Angleterre soit affaiblie par ce démembrement. La France en profiterait-elle? A coup sûr, l'Europe y perdrait; les forces politiques cessant de se balancer, il en adviendrait ou un bouleversement, ou une anarchie. Le faisceau est solide, mais qu'on le divise!...

La France et l'Angleterre ne se tolèrent pas, elles se soutiennent. Il ne faut pas voir en elles deux poids égaux se faisant équilibre dans les différents plateaux; de fait, ils sont réunis et résistent à d'autres poids. Voilà toute la science.

Est-il bien certain d'ailleurs que l'Angleterre sans l'Inde en serait moins robuste? Nous en doutons. Elle serait seulement obligée de concentrer ses forces, et nous ne savons pas qu'un retour à l'unité ait jamais été dissolvant. Auguste ne le pensait pas davantage, lorsqu'il donna un édit *de coercendo intra fines imperio*. La France est-elle moins robuste depuis qu'elle a perdu ces membres de luxe que lui avait donnés le premier Empire? La nature l'a constituée physiquement; aucun agrandissement ne saurait l'améliorer.

Il n'y a pas que l'Inde au monde! Avec l'industrie de leur génie et l'opiniâtreté de leur courage, les Anglais sauront toujours déverser leur trop-plein dans quelque nouveau récipient. Il y a place pour la conquête sagement entendue et prudemment conduite. L'occupation dans une contrée barbare, c'est la charrue sur un mauvais champ : la contrée comme le champ ne pourra que s'améliorer.

Qu'on laisse donc à l'Angleterre ce qui appartient à l'Angleterre.

Est-ce à dire pour cela que ce peuple ait partout et toujours raison ? Nous sommes loin de le penser, et loin aussi de le soutenir. De grandes fautes ont été commises. Qui le cacherait ? Ce n'est pas l'Angleterre. Elle avoue ses torts et on la connaît assez pour savoir qu'elle les réparera. Ce ne sera que justice, car les choses allaient de telle sorte, qu'une substitution de la puissance anglaise dans l'Inde par une autre puissance devenait déjà et morale et légale. Mais, en fait de substitution, on n'a plus à applaudir que celle de la Compagnie de l'Inde par le gouvernement de l'Angleterre. Ce résultat devait tôt ou tard être produit, et s'il nous souvient bien, sous le premier ministère de Pitt, vers 1788, il y eut avec Tierney des discussions où la Compagnie ne fut pas ménagée. L'histoire parlementaire de ce pays fournit encore d'autres exemples.

On a tout dit sur l'utilité de rattacher directement l'Inde au gouvernement anglais. Nous ne ferons ici que souhaiter le rapide accomplissement de cette réforme, en espérant qu'une aliénation qui répugne à tous les principes sera bientôt remplacée par une autorité immédiate et par une responsabilité entière qu'on ne pourra plus rejeter. Dès lors, une administration régulière, éclairée, savante, et surtout consciencieuse.

L'Angleterre y parviendra, même à travers les cruautés qu'elle admettait d'abord, qu'elle cache aujourd'hui quand elles peuvent rester obscures, et qu'elle condamne quand elles sont lumineuses : par honte dans le premier cas, peut-être par justice dans le second. L'Angleterre sait bien que les représailles ne justifient rien. Si le monde s'attachait à des représailles, il n'y aurait bientôt plus homme sur la terre. Le pardon des injures est autre chose qu'une vertu chrétienne; c'est une nécessité sociale qui sauve l'humanité.

Jean-Jacques rappelait que les Anglais vantent beaucoup le sentiment de leur honneur et la bonté de leur naturel.—On sait, en effet, qu'ils s'appellent *Good natured people.*—Nous ne leur dirons donc pas seulement : «De tels actes sont inhabiles,» mais encore : «ils sont inhumains.» Nous ferons moins appel à leur intérêt qu'à leur cœur, car nous sommes persuadé d'être entendu, l'Anglais poussant jusqu'aux limites les vertus dont il se glorifie. Qu'on ne s'inquiète donc pas de faits en partie excusés par les provocations ennemies; il n'a pas été non plus sans utilité que l'Anglais ait répondu à l'Indien comme il lui était parlé; qu'il ait rendu coup pour coup, blessure pour blessure; à défaut d'autre, c'était un moyen de se faire entendre. Mais il serait insensé d'en concevoir des craintes pour l'avenir. Loin de là, on devrait se rassurer. « La réforme vient après l'abus, » disait justement Thraséas au sénat romain. Or, en fait de vérités, ce qui est dit pour une fois est dit pour toujours.

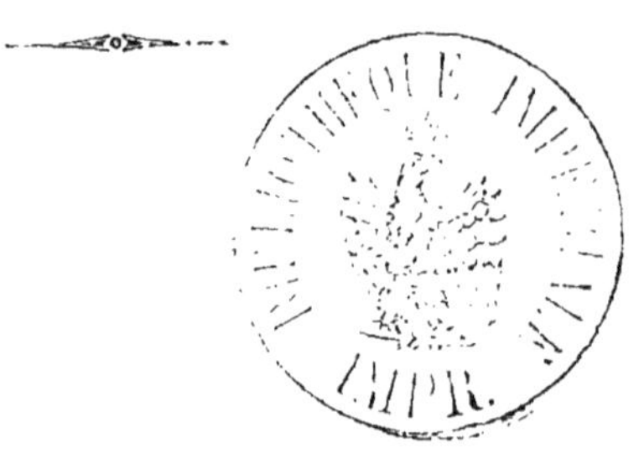

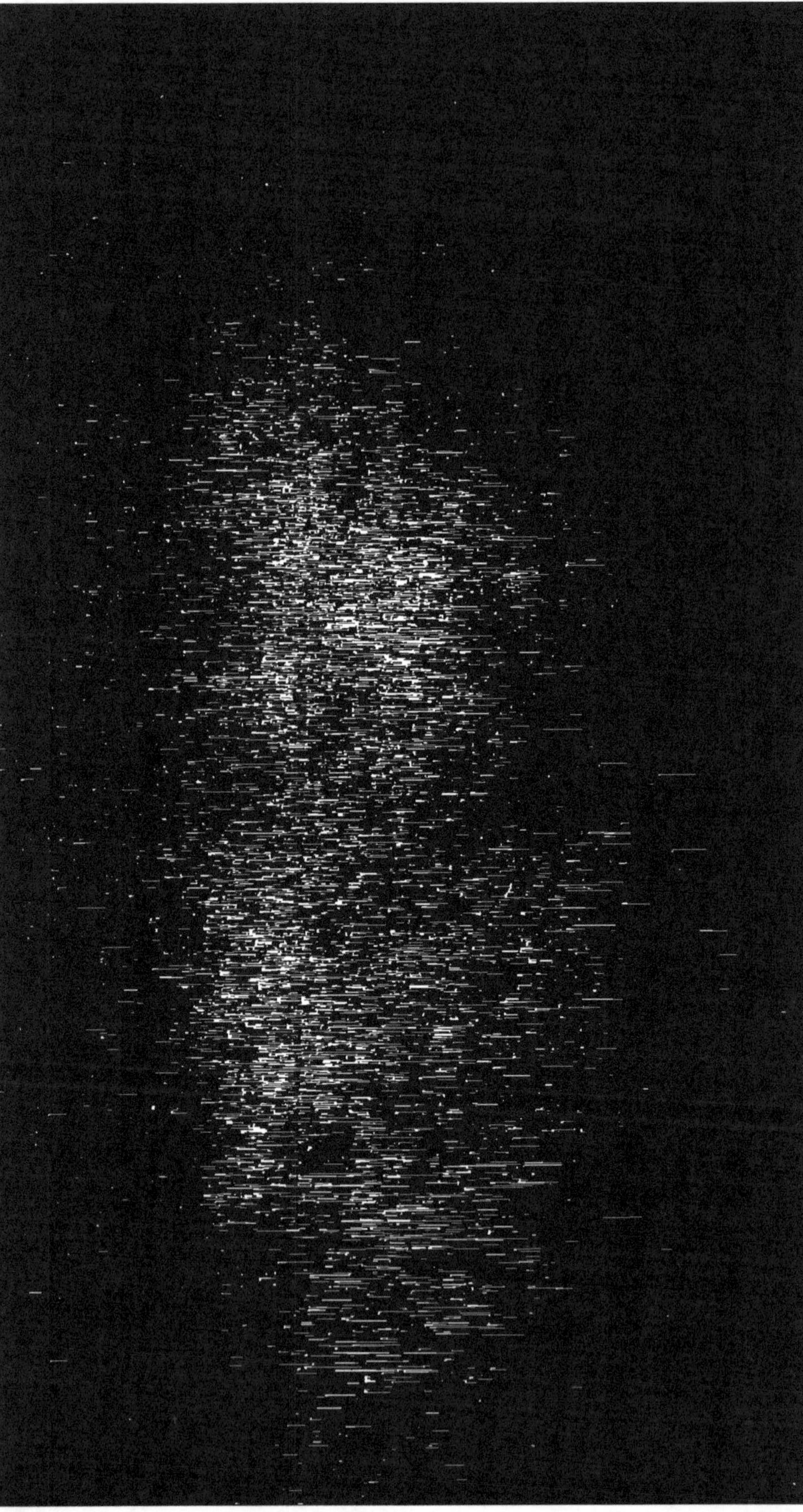